contents

本書のレシピについて ... 008

第1章 すぐに完成！最強肉のおかず

- 冷凍唐揚げで甘酢あん ... 015
- 梅肉でさっぱり！ 豚シソチーズ巻き ... 016
- 甘酢で食欲倍増 簡単揚げ餃子 ... 016
- ご飯もお酒もすすむ！ 鶏モモ甘タレ和え ... 018
- スペアリブのコーラ煮 ... 020
- 豚トロとアボカドのウマウマ炒め ... 021
- 名古屋飯風手羽中唐揚げ ... 022
- チキン南蛮 ... 024
- 蓮根の豚肉巻き ... 026
- 牛肉丼 ... 027
- 食欲爆発！ 鶏肉のガーリック焼き ... 028
- おろし玉ねぎソースの豚ロースステーキ ... 028
- 味がしみしみ・トロトロの豚の角煮 ... 031
- ギュー玉 ... 032

第2章 ご飯もお酒もすすむ！魚のおかず

- さば缶でなすの甘辛炒め ... 039
- 大人気！ わが家の定番ツナ餃子 ... 040
- たらのトマトチーズ焼き ... 040
- 子どもも大好き！ ブリマヨ照り焼き ... 042
- サーモンのとろろ焼き ... 044
- ツナトマ丼 ... 045
- キムチさば味噌 ... 046
- 牡蠣の春巻き ... 047
- 家族大絶賛！ わが家のご褒美レシピ 牡蠣のアヒージョ ... 048
- かつおのたたきで竜田揚げ ... 050
- えびパン ... 052
- 鮭タルサンド ... 053
- ブリごまダレ和え ... 054
- マグロユッケ丼 ... 054
- 混ぜるだけで絶品！ 明太クリームチーズ ... 056
- 食感が楽しい！ とろたく ... 056

第3章 メインにもあと1品にも最適！野菜のおかず

- ブロッコリースプラウトとトマトの中華和え ... 063

第4章 簡単なのにワンランクアップ！ご飯・パン・麺

- 豚バラとじゃがいもの甘辛炒め …… 064
- おから蓮根の団子 …… 064
- かぶとベーコンのミルク煮 …… 066
- 居酒屋飯 なすとベーコンのフライ …… 068
- 長芋の春巻き …… 070
- アレンジ無限メニュー！ にら味噌炒め …… 071
- いんげんときゅうりの辛み和え …… 072
- メインにもなるシーザーサラダ …… 073
- 水キムチ …… 074
- まるでデザート！ トマト嫌いも食べられるミニトマトのハチミツ漬け …… 076
- 簡単なのに沼るおいしさ！ ウマウマ アボハム …… 077
- 新食感！ はんぺんピザ …… 078
- カマンベールチーズフライ …… 078
- さば旨飯 …… 085
- 旨味が凝縮！ 鮭の炊き込みご飯 …… 086
- 昔ながらのそばめし …… 086
- 給食の揚げパン …… 088
- さっぱりおろしツナスパゲッティ …… 090
- しらすとししとうのペペロンチーノ …… 091

第5章 家にあるものでカフェ気分！ 簡単デザート

- 店の味の絶品たらこパスタ …… 092
- つゆだくカルボナーラ …… 094
- アサリのコンソメスープパスタ …… 095
- 餅とモッツァレラチーズの揚げ春巻き …… 096
- インスタントで簡単！ 汁なしカルボ …… 097
- 優しい苦みが季節を感じる！ 菜の花パスタ …… 098
- うどんドーナツ …… 105
- レンジでフォンダンショコラ餅 …… 106
- 炊飯器でいつのまにかできてる！ パイシートで簡単フロランタン …… 106
- バターケーキ …… 108
- アツアツ・トロトロがクセになる！ 春巻きバナナ …… 110
- みたらし団子 …… 111
- 映える！ サクサクフルーツパイ …… 112
- どうぶつプリン …… 114
- ビスケットdeアイス …… 116
- 大人気！ さっぱりまろやか ほうじ茶プリン …… 117
- おわりに …… 122
- 素材別インデックス …… 124

本書のレシピについて

細かいことは気にしない

食材や調味料が少々足りなくても OK。とくに野菜は家にあるもので代用可能です！　肉や魚も変えて楽しんでください！
※生魚を使用する場合は臭みが出る可能性があるので、注意！

味つけも、適量もお好きな量に変更可能

一度作ってみて、「もう少し足そう」「もう少し減らそう」など、ご自身のお好きな味つけに変更しても◎　もちろん、トッピングを変えたり、違うレシピにアレンジしたりして、作りやすい形にしてください。

本書の基本ルール

 計量　大さじ1＝15㎖、小さじ1＝5㎖、1カップ＝200㎖です。

 電子レンジ　電子レンジは600Wのものを使用しています。500Wの場合は加熱時間を1.2倍、700Wの場合は0.9倍にするなどして、調整してください。ラップはとくに記載がない場合、しなくてOKです。

 フライパン　とくに記載がない場合は、ふたは蒸気穴があいているものを使用しています。

材料　とくに記載がない場合は、野菜の種やヘタ、皮などは処理をしています。またバターなども記載がないものは有塩を使用しています。

第1章

すぐに完成！

最強肉の
おかず

肉をガッツリ食べたいとき、野菜もとりたいときなど、さまざまなシチュエーションに合うメニューを集めました。ご飯と一緒に食べてもよし、お酒のあてにしても◎ 大人も子どもも好きな味つけですので、ぜひ楽しんで作ってみてください！

第1章 すぐに完成！ 最強肉のおかず

冷凍唐揚げで甘酢あん

冷凍唐揚げが大変身！　子どもも大人も大好きな
優しい甘酢あんが時短で完成。お弁当にも作り置きにも最適！

2人前

材料

- 冷凍唐揚げ ………… 1袋（5〜8個程度）
- 玉ねぎ ………………………………… 1/4個
- ピーマン ………………………………… 1個
- パプリカ（赤・黄） ………………… 各1個
- ★ 砂糖 ……………………………… 大さじ3
- 　酢・水・ケチャップ ……… 各大さじ2
- 　しょうゆ・酒・片栗粉 …… 各大さじ1
- サラダ油 ……………………………… 適量

作り方

1. 玉ねぎは薄切りにし、ピーマンとパプリカは一口大の乱切りにする。

2. フライパンにサラダ油をひき、**1**の野菜を中火で2〜3分炒める。袋の表示どおり温めた冷凍唐揚げも追加し、さらに油となじませるように1分炒める。

3. ★の調味料を合わせ、**2**のフライパンに加える。弱火にし、1分程度肉と野菜と絡めるように炒める。

梅肉でさっぱり！豚シソチーズ巻き

豚の脂のジューシーさと梅とシソのさっぱり感が食欲をそそる1品！

2人前

材料

- 豚ロース薄切り ………… 300g（6〜8枚）
- 大葉 ………………………… 6〜8枚
- ベビーチーズ ……………………… 3個
- 梅肉（チューブ） ………………… 適量
- 塩こしょう ………………………… 少々
- 油 …………………………………… 適量

作り方

1. チーズを1cm幅に細長く切る。
2. 豚ロースに塩こしょうをふり、1切れずつ、大葉、チーズをのせて巻く。
3. フライパンに油をひき、2の豚ロースの巻き終わりを下に置く。きつね色に焼き目がつくまで中火で4、5分ひっくり返しながら焼く。
4. 皿に盛りつけて梅肉をのせる。

甘酢で食欲倍増 簡単揚げ餃子

冷凍餃子がワンランクアップのおかずに！ カリカリの皮と、タレが染み込んだジューシーな肉だねに手が止まらない！

2人前

材料

- 冷凍餃子 …………………………… 10個
- ねぎ ……………………………… 10cm程度
- 小麦粉 ……………………………… 適量
- ★ 砂糖 ……………………………… 大さじ2
- しょうゆ・酒・酢 …… 各大さじ2と1/2
- ごま油・いりごま ………… 各大さじ1
- しょうが（チューブ） ………… 2〜3cm
- 油 …………………………………… 適量

作り方

1. ねぎをみじん切りにし、★とボウルで混ぜ合わせる。餃子は小麦粉をふり、はたくようにまぶす。
2. フライパンに高さ2cmぐらいの油をひき、餃子を入れる。中火で3分きつね色になるまで揚げ焼きにする。
3. 1のボウルに油を切った2を入れ、全体的に絡まるように混ぜる。

第1章 すぐに完成！ 最強肉のおかず

ご飯もお酒もすすむ！ 鶏モモ甘タレ和え

2人前

プリプリの鶏モモと、
みんなが大好きな
甘じょっぱいタレが最高！

材料

鶏モモ肉	2枚
片栗粉	適量
★ しょうゆ	大さじ3
砂糖	大さじ2と1/2
みりん	大さじ2
しょうが(チューブ)	2〜3cm
いりごま	大さじ1
サラダ油	適量

作り方

1 鶏モモ肉を一口大の食べやすいサイズに切り、片栗粉をふり、はたく。

2 フライパンに高さ2〜3cm程度の油をひき、**1**を中火で5〜6分きつね色になるぐらい、揚げ焼きにする。

3 ボウルで★を混ぜ合わせ、**2**を入れ、タレと肉をまんべんなく絡ませる。

アドバイス

子ども用などみりんのアルコールが気になる方は、★を混ぜたあとに電子レンジで1分加熱すると食べやすくなります！

第1章　すぐに完成！　最強肉のおかず

018

スペアリブのコーラ煮

2人前

骨まで食べたくなるうまさ！
手についたソースを
一滴も残すことはできない！

材料

スペアリブ	7本
★ コーラ	500㎖
にんにく（チューブ）	5cm程度
鷹の爪（まるごと）	1本程度
黒こしょう	適量
● 顆粒鶏ガラスープ・しょうゆ	各大さじ1
サラダ油	適量

ポイント

コーラを使うことで調味料と計量の手間をカット！　でも味はしっかり決まる！

作り方

1. スペアリブの両面に黒こしょうを10ふりぐらい、しっかり味をつけるように多めにかける。

2. 鍋に油をひいて1のスペアリブを中強火で片面3分（両面6分）程度、きつね色になるまで焼き目を入れる。

3. 2に★を入れ、アルミホイルでふたをして弱火で15分くらいアクを取りながら煮込む。

4. 3に●を入れ、弱火のまま5分さらに煮込む。

5. アルミホイルを外し、スペアリブを取り出し、器に盛る。鍋に残った煮汁を強火でとろみが出るまで煮詰め、盛りつけたスペアリブの上にかける。

豚トロとアボカドのウマウマ炒め

2人前

豚トロの脂で旨味アップ！
肉とシャキシャキ野菜、
トロトロアボカドが絶妙！

材料

豚トロ	200g
アボカド	1個
玉ねぎ	1/2個
パプリカ	1/2個
スナップエンドウ	4〜5本
★ バター	10g
にんにく（チューブ）	1cm程度
焼き肉のタレ	20㎖
油	適量

作り方

1　玉ねぎ、パプリカをくし切りにする。アボカドも皮をむき、くし切りにする。スナップエンドウは筋をとる。

2　薄く油をひいたフライパンに豚トロを入れ、中火で2〜3分軽く炒め、焼き目をつける。

3　2に1も入れ、軽く塩こしょう（分量外）し、豚トロと野菜に火が通るまで中火で1〜2分さらに炒める。

4　★を加え、中火で1〜2分さっと具材と絡める。味をみて薄ければ、焼き肉のタレを追加する。

名古屋飯風 手羽中唐揚げ

2人前

ふんわり香るにんにくと少し焦げた甘じょっぱいタレが食欲アップ！ お酒もご飯もすすむ！

材料

手羽中	10本
片栗粉・塩こしょう	適量
★ しょうゆ	50㎖
砂糖・みりん	各大さじ2
にんにく(チューブ)	3㎝程度
いりごま	大さじ1
油	適量

作り方

1. 手羽中に片栗粉、塩こしょうを好きなだけかける(揚げ焼きだから少量でもOK)。また★を混ぜ合わせておく。

2. フライパンに高さ2〜3㎝の油をひき、中火で片面2〜3分(両面4〜6分)程度、手羽中を揚げ焼きにする。

3. 2の焼き色がきつね色になったら、フライパンの油をさっとふき取り、★を入れ、とろみがつくまで弱火で1分程度煮詰める。

アレンジ

鶏もも肉などほかの肉で作っても◎

第1章 すぐに完成！ 最強肉のおかず

チキン南蛮

全人類が大好きな味！ 意外と簡単に作れます！ 溺れるほどタルタルをかけても◎

2人前

材料

鶏むね肉	2枚
卵	1個
塩こしょう	適量
小麦粉	適量
★ 砂糖・しょうゆ・酢	各大さじ2
サラダ油	適量

［タルタルソース］

卵	2個
● マヨネーズ	大さじ3
塩こしょう	少々

作り方

1. 鶏むね肉を一口大の食べやすいサイズに切る。塩こしょうをふり、小麦粉をまぶし、溶いた卵にくぐらせる。

2. フライパンに高さ2cmの油をひき、**1**を中火で片面2〜3分（両面4〜6分）程度、揚げ焼きにする。両面が焼けたらふたをして、中弱火で1〜2分蒸し焼きで中まで火を通す。

3. 余分な油をキッチンペーパーでふき取り、火を止める。電子レンジで1分加熱した★を入れ、1〜2分しっかり絡める。

4. 皿に盛りつけて、タルタルソースをのせる。

タルタルソースの作り方

1. 鍋に熱湯を沸かし、冷たい状態の卵を入れ、10分程度ゆでる。

2. ゆで卵のからをむき、つぶして●と混ぜる。

第1章 すぐに完成！ 最強肉のおかず

蓮根の豚肉巻き

豚肉のカリカリさと蓮根のシャキシャキさ、さわやかな大葉がクセになる！

2人前

材料

豚肉(ロース薄切り、
　しゃぶしゃぶ肉でもOK) ………… 300g
蓮根 …………………… 1本(300g程度)
大葉 ……………………………………… 10枚
スライスチーズ ……………………… 5枚
塩こしょう …………………………… 少々
片栗粉 ………………………………… 適量
酢 ………………………………… 大さじ1
 砂糖・しょうゆ・みりん … 各大さじ2
いりごま ……………………… 大さじ1
油 ……………………………………… 適量

作り方

1. 蓮根を1cm幅の輪切りにカットする。スライスチーズも半分に切る。

2. 1の蓮根をボウルに入れ、蓮根がひたる程度の水(分量外)と酢に5分ぐらいつけ、取り出し、湯で3分程度ゆでる。

3. 豚肉を広げて大葉、スライスチーズ、蓮根を置いてくるくる巻き、塩こしょうと片栗粉をはたいておく。

4. フライパンに油を少しひいて、3を中火で片面2分(両面4分)程度、きつね色になるまで焼く。

5. 4に をかける。中火で1分程度、混ぜながら加熱する。全体に絡まったらいりごまをかける。

牛肉丼

失敗なしの誰もが好きな牛丼！
丼ひとつで豪華なごはんの完成！

2人前

材料

牛肉切り落とし …………………… 400g
長ねぎ ……………………………… 1/2本
玉ねぎ ……………………………… 1/2個
★ 砂糖・みりん・しょうゆ …… 各大さじ4
ご飯 ……………………… 300g（2杯分）

作り方

1. フライパンに油をひき、中火で2〜3分牛肉の表面をさっと焼く。
2. 1にを加え、牛肉に味が染みるまでさらに中火で1〜2分炒める。
3. 2にくし切りにした玉ねぎと、斜めに切った長ねぎを入れ、中火で1分程度さっと炒める。
4. 3をご飯の上にのせ、お好みで紅しょうがやごまなどを散らす。

食欲爆発！鶏肉のガーリック焼き

鶏肉が何倍もおいしくなる1品！ がっつり食べたい人はにんにくマシマシOK！

2人前

材料

- 鶏モモ肉 ………………………… 2枚
- ★ サラダ油 ……………………… 100㎖
- おろしにんにく（チューブ）…… 6〜8㎝
- 塩・黒こしょう ………………… 少々

作り方

1. 鶏肉は一口大に切る。ボウルに鶏肉、★を入れ、10分漬け込む。
2. フライパンに鶏肉の皮目を下にして置き、中火で片面3〜4分（両面6〜7分）焼く。
3. 焦げ目をがっつりつけ、中までしっかり火が入ったら皿に盛りつける。

おろし玉ねぎソースの豚ロースステーキ

玉ねぎの甘さが豚ロースとなすを包み込む！ アツアツジューシーで箸が止まらない！

2人前

材料

- 豚ロース（とんかつ用）………… 2枚
- なす ……………………………… 1本
- ★ 砂糖・酒 ……………………… 各大さじ1
- 塩 …………………………… 小さじ1/2
- ● 玉ねぎ ………………………… 1/2個
- しょうゆ・酒 …………………… 各大さじ1
- みりん ……………………… 小さじ1と1/2
- 砂糖 ………………………… 小さじ1
- にんにく・しょうが（チューブ）
   ……………………………… 各2〜3㎝
- 油・片栗粉 ……………………… 適量

作り方

1. 豚ロースを2㎝ぐらいに切り、ボウルに入れ、★をかけ、もみこむ。なすは乱切りにカット。玉ねぎもすりおろしておく。
2. フライパンに油をひき、中火で2〜3分なすを炒め、取り出す。豚ロースに片栗粉をまぶす。
3. **2**のフライパンに小さじ1程度の油を足し、**2**の豚ロースを中火で4分ほど炒める。
4. ●を混ぜて電子レンジで2分加熱し、**3**のフライパンになすとともに加える。中火で1分ぐらいしっかり絡める。

第1章 すぐに完成！ 最強肉のおかず

味がしみしみ・トロトロの豚の角煮

2人前

「角煮＝めんどくさい」人必見！ 放置レシピだから意外と簡単に作れます！ ながら料理であっというまにトロトロ角煮の出来上がり！

材料

豚バラブロック	500g
大根	1/2本
★ しょうゆ・酒・みりん	各100㎖
砂糖	大さじ3
ねぎの青い部分	1本
しょうが	1かけ
卵	4個

作り方

1. 鍋で湯を沸かし、冷たい状態の卵を入れ、6分半ゆで、からをむく。豚バラブロックを1.5cm幅に切る。大根は皮をむき、2cm厚さの半月切りにカット。

2. 豚バラブロックをフライパンか鍋に入れて、中火で片面2〜3分（両面4〜6分）がっつり焼き目をつける。

3. 2に水（分量外）を肉が隠れるぐらいひたひたに入れ、しょうがとねぎの青い部分もここで加える。弱火で1時間〜1時間半ふたをして煮込む。

4. 3の水が1/3の量に減ったら、また肉がひたひたに浸かるぐらい水を追加し、大根と★を入れ、さらに30分程度ふたをして煮込む。

5. ふたを外してゆで卵を加える。10分程度味が染み込むように煮詰める。

ポイント

肉は煮込めば煮込むほど、トロトロジューシーになる！

ギュー玉

肉の中からトロトロの黄身が溢れでてくる！ タレと黄身をまとわせた肉でご飯がすすむ！

2人前

材料

牛肉スライス（切り落とし）
.... 2枚
卵 2個
焼き肉のタレ 大さじ2
マヨネーズ・いりごま .... お好みで
サラダ油 .... 適量

ポイント

焼肉のタレを使用するため、余計な調味料も計量も不要で味が決まる！

作り方

1 鍋で湯を沸かし、冷たい状態の卵を入れ、6分30秒ゆでる。冷水に入れ、粗熱が取れたらからをむく。卵が柔らかいのでむくときは要注意！

2 卵に牛肉を巻きつける。

3 フライパンにサラダ油をひき、巻き終えた部分を下に置く。中弱火で3〜4分、途中返してまんべんなく焼く。

4 3に焼き肉のタレを入れさっと絡める。皿に盛り、マヨネーズといりごまをのせる。

第2章

ご飯もお酒もすすむ！

魚のおかず

魚をいろいろな形で調理したものを集めました。食べてホッとする味から、家にいながら料亭の味を楽しめる1品まで、ちょっとした工夫がポイントになります。刺身をアレンジしたメニューもありますので、残りものや大量消費にも最適です！

さば缶でなすの甘辛炒め

さば缶で加熱時間の短縮＆臭みゼロ！ 優しい甘辛さに手が止まらない！

2人前

材料

- さばの水煮缶 …………………… 1缶
- なす ……………………………… 3個
- ピーマン ………………………… 3個
- 小麦粉 ………………………… 大さじ3
- ★ 酒・しょうゆ・みりん ……… 各大さじ1
- 豆板醤 ………………… 小さじ1/2程度
- 油 ………………………………… 適量

作り方

1. なすとピーマンを一口大の乱切りにする。なすは水にさらす。さば缶は汁を切り、大きめの一口大にする。
2. ビニール袋に小麦粉、水気をふいたなすを入れ、口を閉じよくふる。
3. フライパンに油をひき、なすを入れ、中火で2～3分しっかり焼き目をつける。
4. 3に大さじ1程度の油を足し、ピーマンを加える。さらに2分炒める。
5. 4にさばを入れてざっくりかき混ぜて、★をかけ、さっと1分程度炒める。

大人気！わが家の定番ツナ餃子

ツナでさっぱり！玉ねぎのシャキシャキ感が楽しいシン・餃子！

2人前

材料

ツナ缶	2缶
玉ねぎ	1/2個
餃子の皮	1袋
★ しょうゆ	小さじ1/2
マヨネーズ	大さじ1
塩こしょう	少々
油	適量

作り方

1. 玉ねぎは粗みじん切りにし、ボウルにツナとともに入れ、★を加えてよく混ぜる。
2. 餃子の皮に**1**をのせ、ふちに水を塗り、半分に折り包む。ひだはあってもなくてもOK。
3. フライパンに高さ2mmぐらいの油をひき、**2**を入れ、中火で1〜2分きつね色になるまで揚げ焼きにする。

アレンジ

餃子のタネが余ったら、パンにのせチーズをかけ、トースターで2〜3分焼くとおいしい！

たらのトマトチーズ焼き

アルミホイルをあけた瞬間、幸せ弾ける！ バター香るたらと甘くなったトマトが絶妙！

2人前

材料

たら（切り身）	2切れ
トマト	1/2個
玉ねぎ	1/2個
とろけるチーズ（ミックスチーズ）	適量
ケチャップ	適量
薄力粉	適量
塩こしょう	少々
バター	15g

アドバイス

子ども用などはトマトをさいの目に切って、上に散らして焼くと食べやすい！

作り方

1. たらに塩こしょうし、薄力粉をつけ、はたく。トマト、玉ねぎは薄切りにする。
2. フライパンにバターを入れ溶かし、たらの皮目を下に置く。中火で片面2〜3分（両面4〜5分）程度焼く。
3. アルミホイルの上に、玉ねぎ、トマト、たらを重ね、ケチャップ、とろけるチーズをかけ、アルミホイルの両端をねじる。トースターで2〜3分焼く。

第2章　ご飯もお酒もすすむ！魚のおかず

子どもも大好き！ブリマヨ照り焼き

2人前

マヨネーズでコク倍増！ ほんのり香るにんにくとみんなが大好きな甘じょっぱいタレでご飯もお酒もグイグイすすむ！

材料

- ブリ（切り身） ……………………………… 2切れ
- ししとう …………………………………… 5〜6本
- 片栗粉 ……………………………………… 適量
- ★ しょうゆ・酒・砂糖・マヨネーズ
  　 ……………………………………… 各大さじ1
  　 にんにく（チューブ） ……………… 2〜3㎝
- サラダ油 …………………………………… 適量

作り方

1. ブリに片栗粉をまぶし、サラダ油をひき、熱したフライパンにししとうとともに加える。中弱火で片面2〜3分（両面5分）焼き目をつけるように焼く。

2. 余分な油をキッチンペーパーでふき取り、★を混ぜて入れ、とろみがでてくるまで1分程度煮詰める。

アドバイス

★は砂糖→マヨネーズ→にんにく→酒→しょうゆの順で混ぜると、分離せずにキレイなタレが出来上がります。

第2章　ご飯もお酒もすすむ！ 魚のおかず

042

サーモンのとろろ焼き

2人前

とろろが焼ける香ばしい匂いに悶絶！
サーモンの脂が長芋でさっぱり食べられる！

材料

サーモン	2切れ
長芋	150g
★ マヨネーズ	大さじ2
｜ 塩	少々

作り方

1. サーモンは小骨を抜き、塩（分量外）をふってフライパンやグリルなどで中まで火が入る程度焼く。

2. 長芋をすりおろし、★を加え混ぜる。

3. 耐熱皿にサーモンを置き、その上に2をのせ、トースターで長芋に焦げ目がつくまで焼く。

ツナトマ丼

ご飯がモリモリすすむ！
なにも考えたくない＆食欲のない日にも◎

2人前

材料

ツナ缶	2缶
トマト	1個
ご飯	300g（2杯分）
★ 酒	大さじ1
しょうゆ	大さじ1/2
油	適量

作り方

1. ツナ缶の油を切る。トマトは1cm角に切る。

2. フライパンに油をひき、ツナを中火で1～2分パラパラになるまで炒める。

3. 2に★を加え、火を止めてからトマトを入れ混ぜ合わせ、ご飯の上にのせる。

キムチさば味噌

さば味噌がワンランクアップ！
ピリ辛で心も体もポカポカに！

2人前

材料

さば(半身)	1枚
長ねぎ	1/2本
しょうが(薄切り)	3枚
★ 出汁	250㎖
(水250㎖ + 顆粒和風出汁小さじ1弱でOK)	
酒	50㎖
砂糖	大さじ2
しょうゆ	大さじ1/2
● キムチダレ	大さじ1～2
味噌	大さじ1

作り方

1. さばを大きいものは4等分、小さいものは半分に切り、皮目に×の切り込みを入れる。ねぎは3㎝幅にカット。

2. 鍋に湯を沸かし、さばを3秒入れ取り出し、冷水に落とし臭みを取る。

3. フライパンに★としょうが、さばの皮目を上にして入れ、沸騰したら中火で5分煮る。

4. ●とねぎを加え、ふたをして10分煮る。

牡蠣の春巻き

自分へのご褒美に作りたい！
プリプリの牡蠣がジュワッと弾ける新感覚の春巻き！

2人前

材料

牡蠣 ……………………………… 20粒
（大きいものであれば10粒でOK）
大葉・春巻きの皮 ……………… 10枚
片栗粉 …………………………… 適量
塩こしょう ……………………… 少々
揚げ油 …………………………… 適量

作り方

1. 牡蠣はザルに入れ片栗粉をつけ、水で流しながら洗い、キッチンペーパーで水気をしっかり取り、塩こしょうをふる。

2. 春巻きの皮1枚に大葉1枚、牡蠣を2粒のせ（粒が大きいものは1つ）、手前からひと巻きし、両端を折り込みながら巻いていく。巻き終わりに水（分量外）を塗り、しっかりととめる。

3. フライパンに高さ2〜3cmの油をひき、中火で熱し、春巻きを入れ、きつね色になるまで2〜3分こんがり揚げる。

家族大絶賛！
わが家のご褒美レシピ
牡蠣のアヒージョ

2人前

牡蠣の旨味が染み込んだ油が最高においしい！ パンをつけたり、残った油にパスタを入れたりして最後の一滴まで油を楽しもう！

材料

牡蠣	2パック
（大粒は5個、小粒は8個程度あればOK）	
マッシュルーム	2個
にんにく	1かけ
唐辛子（輪切り）	1本
塩こしょう	少々
片栗粉	適量
オリーブオイル	適量

作り方

1. 牡蠣に片栗粉をふり、水で何度か洗い、キッチンペーパーで水気を取る。にんにくは切って芽を取り、薄切りにする。マッシュルームも4等分程度に切る。

2. フライパンやスキレット、鍋などに具が半分ひたるぐらいのオリーブオイル、にんにく、唐辛子を入れ、中火で熱する。

3. 油がふつふつとしてきたら牡蠣、マッシュルームを加え、弱火で3分加熱する。牡蠣がぷっくりしてきたら、塩こしょうを多めにふり、味を整える。

ポイント

片栗粉で洗うことで臭みゼロ！ 塩こしょうは多めにしっかりふると、味がぼやけず、最後までおいしい！

第2章 ご飯もお酒もすすむ！ 魚のおかず

048

かつおのたたきで竜田揚げ

 2人前

刺身がお腹の膨れる1品に大変身！
お弁当にも◎　パサパサになることもない！
かつおの旨味が揚げることでさらに凝縮！

材料

かつおのたたき（刺身用）
　……………………………… 1冊（小さい場合は2冊）
片栗粉 ……………………………………………… 適量
★ しょうゆ ……………………………………… 大さじ2
　 酒・ごま油 …………………………………… 各大さじ1
　 にんにく・しょうが（チューブ）
　　　　……………………………………… 各2〜3㎝
揚げ油 ……………………………………………… 適量

作り方

1. かつおを一口大に切り、ビニール袋に★とともに入れ、よくもみ、10分以上置く。その後、かつおに片栗粉をまんべんなくつけ、軽くはたく。

2. フライパンに高さ2〜3㎝の油を入れ、中火で熱し、1を入れる。3〜4分揚げ焼きにする。

ポイント

刺身用だから骨を取る手間なし！
ブリやさば、鯛など、ほかの魚でアレンジしても◎

第2章　ご飯もお酒もすすむ！魚のおかず

えびパン

ゴロゴロ入っているえびの食感が
楽しい背徳パン！ 甘じょっぱい
タレがアクセントに◎

作りやすい量

材料

バナメイまたはブラックタイガー	4尾
食パン（5枚切り）	1枚
長ねぎ	5cm程度
★ とろけるチーズ（ピザ用チーズ）	10g
マヨネーズ	大さじ1
塩こしょう	少々
● 砂糖	大さじ1
みりん・しょうゆ	各大さじ1/2

作り方

1. えびを背中から切り、背わたがあれば取り除き、みじん切りにする。えびと粗みじん切りにした長ねぎ、★を混ぜ合わせる。

2. パンの耳を落とし4等分にカットし、1の具材をのせ、1200wのトースターで3分半焼く。

3. 鍋に●を入れ、鍋をゆすりながら加熱し、沸騰したら火を止め、皿に盛りつけたパンにかける。

鮭タルサンド

鮭の旨味と玉ねぎのシャキシャキ感、卵のふわふわが相性抜群!

2人前

材料

鮭(切り身)	2切れ
サンドイッチパン	4枚
きゅうり	1/2本
卵	3個
玉ねぎ	1/6個
★ マヨネーズ	大さじ5
レモン汁(あれば)	小さじ1/2
塩こしょう	少々

作り方

1. 鮭はフライパンや魚焼きグリルで片面5分(両面10分)焼き、粗熱を取ったら一口大にほぐす。卵は鍋で沸かした熱湯に冷たい状態で入れ、10分固めにゆで、みじん切りにする。

2. 玉ねぎはみじん切りにし、塩少々(分量外)しもみ、10分ほど置いたら、水でよく洗いしっかり絞る。

3. ボウルに1と2、★を入れよく混ぜ合わせる。

4. サンドイッチパンに3をお好みの量をのせ、斜めに薄切りにしたきゅうりも置き、パンで挟み、縦半分に切る。

ブリごまダレ和え （2人前）

料亭の味が簡単に家で楽しめる！
鯛やカンパチなどどんな魚でも代用可能◎

材料
- ブリ(刺身用) ……………………… 200g
- ねぎ ……………………………… 1/2本
- わさび …………………………… 適量
- ★ すりごま ……………………… 10g
-   練りごま(あれば) ……………… 50g
-   砂糖 …………………………… 小さじ1
-   濃口しょうゆ ………………… 大さじ2
-   卵黄 …………………………… 1個

作り方
1. ブリは一口大に切る。ねぎは粗みじん切りにする。
2. ボウルに★を合わせ、ブリとねぎを加え、混ぜる。器に盛り、わさびを添える。お好みで刻み大葉や刻みのりを散らしてもOK。

アドバイス
ブリのかわりに鯛にして、お茶漬けにしても◎　ただし、ブリでお茶漬けにすると生臭く感じる可能性アリ×

マグロユッケ丼 （2人前）

卵かけご飯にマグロをのせた新感覚の丼！　ご飯に絡む卵と漬けマグロの旨味が合う！

材料
- マグロ(刺身用) …………………… 100g
- ご飯 ……………………… 300g(2杯分)
- 卵黄 ………………………………… 3個
- しょうゆ ……………………… 大さじ1
- 刻み大葉 ………………………… 適量
- いりごま ………………………… 適量
- 刻みのり ………………………… 適量
- ★ しょうゆ・みりん・ごま油
　　 ………………………… 各大さじ1

作り方
1. ボウルにご飯、卵黄1個としょうゆ、刻み大葉、いりごまを入れよく混ぜる。別のボウルにマグロと★を入れ、漬ける。
2. 2つの丼に1のご飯をそれぞれ盛り、マグロ、卵黄1個をのせ、漬けダレをまわしかけ、刻みのりをのせる。

アドバイス
子ども用はみりんを電子レンジで30秒程度温めると、アルコールが飛び、食べやすくなります！

第2章　ご飯もお酒もすすむ！　魚のおかず

混ぜるだけで絶品！明太クリームチーズ

材料

明太子	100g
クリームチーズ	100g
オリーブオイル	小さじ1
刻みのり	適量
クラッカー	適量

作り方

1. 明太子は薄皮を取る。クリームチーズに1cm角に切る。
2. ボウルに1、オリーブオイルとのりを入れ、さっくり混ぜてクラッカーの上にのせる。

食感が楽しい！ とろたく

材料

マグロたたき（ねぎトロ用）	適量
刻みねぎ	適量
刻みたくあん	適量
★しょうゆ	適量
ごま油	適量
ごま	適量
味つけのり	適量

作り方

1. ボウルにマグロたたき、刻みねぎ、刻みたくあん、★を入れて混ぜ合わせ、器に盛りつける。食べるときに味つけのりを適量のせる。

第3章

メインにもあと1品にも最適！

野菜のおかず

メインになるものから、あと1品に作りたいものまで、野菜を楽しめるメニューを集めました。アレンジは無限大！　ご紹介するレシピをお好きな野菜や家にある野菜で作ってみると、新たな定番メニューになることも！

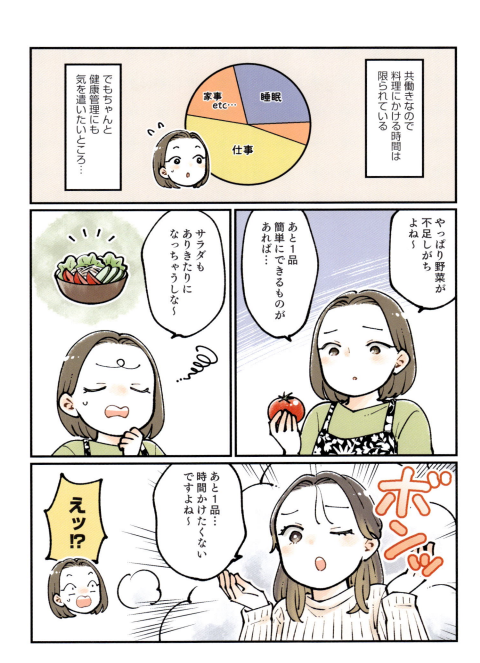

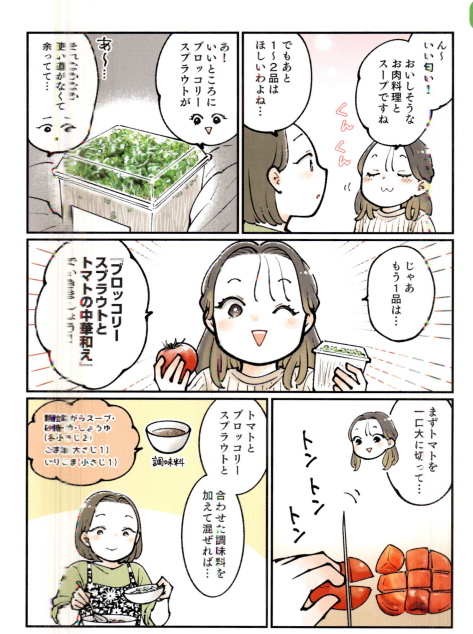

ブロッコリースプラウトとトマトの中華和え

混ぜるだけであっというまに完成!
食欲不振でもバクバク食べられる!

2人前

材料

- ブロッコリースプラウト ………… 1パック
- トマト(中玉) ……………………… 2個
- ★ 顆粒鶏がらスープ・砂糖・酢・
  　しょうゆ ………………… 各小さじ2
  　ごま油 …………………… 大さじ1
  　いりごま ………………… 小さじ1

アレンジ

豆腐やそうめん、冷やし中華にのせてもおいしい!

作り方

1. トマトを一口大に切る。★を混ぜておく。
2. ボウルにトマト、ブロッコリースプラウトを入れ、★を加え、混ぜ合わせる。
3. 2を冷蔵庫で5〜10分少し冷やし、味を馴染ませる。

※すぐ食べたいときは
　冷やさなくてもOK

豚バラとじゃがいもの甘辛炒め

豚バラの脂をまとった
ホクホクのじゃがいもが
おいしい！

2人前

材料

じゃがいも ……………………… 中2個
豚バラ ……………………………… 200g
焼肉のタレ ……………………… 大さじ6

ポイント

じゃがいもを電子レンジで加熱することで焼く時間を短縮！　火のとおりを気にせず調理できる！

作り方

1. じゃがいもは皮をむいて一口大に切り、水にさらす。皿に取り出し、ラップをして、電子レンジで3〜4分加熱する。

2. フライパンに（油をひかずに）一口大に切った豚肉を入れ、中火で3〜4分炒める。カリッときつね色になったら、余分な油をキッチンペーパーでふき取り、1を入れる。

3. 2に焼肉のタレを加え、さっと全体に絡める。

おから蓮根の団子

モチモチの食感が楽しい！
出汁の効いた
トロトロのタレで幸せ爆発！

2人前

材料

蓮根 ………………… 1節（300g程度）
おから …………………………… 100g
長ねぎ ………………………… 5㎝程度
しょうが（チューブ） ………… 2〜3㎝
片栗粉 ………………………… 大さじ2
塩 …………………………………… 少々
★ 出汁 ………………………… 大さじ4
　｜しょうゆ・みりん ………… 各大さじ2
　｜片栗粉 …………………… 小さじ2
油 ………………………………… 適量

作り方

1. 蓮根はすりおろし、長ねぎはみじん切りにし、しょうが、おから、塩、片栗粉と混ぜ合わせる。

2. フライパンに高さ1㎝の油をひき、1を一口大にスプーンでまるめ入れ、中火で3〜4分きつね色になるまで揚げ焼きにする。

3. 小鍋に★を入れ、弱火で1〜2分スプーンで混ぜながら熱し、皿に盛りつけた2にかける。

第3章　メインにもあと1品にも最適！　野菜のおかず

054

かぶとベーコンのミルク煮

2人前

かぶを余すところなく使った、みんなが大好きなミルクスープ！ 優しい味にホッとすること間違いなし！

材料

かぶ（できれば葉つき）	5個
ベーコン（薄切り）	3枚
牛乳・水	各1カップ
コンソメ（顆粒）	小さじ1/2
酒	大さじ1
塩こしょう	少々
片栗粉	大さじ1（水大さじ1と1対1で溶く）
ごま油	適量

作り方

1. かぶは皮をむいてくし型に、かぶの葉（あれば）はゆでて3cm幅に切る。ベーコンも3cm幅に切る。

2. 鍋にごま油をひき、ベーコンとかぶを中火で2〜3分炒める。油がまわったらコンソメ、酒、水を加え、10分煮る。

3. 2に牛乳を加え、塩こしょうで味を整え、水溶き片栗粉でお好みのとろみをつけたら、かぶの葉を加える。30秒程度、軽く混ぜる。

第3章 メインにもあと1品にも最適！ 野菜のおかず

居酒屋飯
なすとベーコンのフライ

お酒もご飯もすすむ1品！ サクサクの衣とジューシーななす、ベーコンの塩味が相性抜群！

2人前

材料

なす	2本
ベーコン	2パック
小麦粉・卵・パン粉	適量
サラダ油	適量
爪楊枝	適量

作り方

1. なすをたてに4等分（大きいものは横に2等分してから4等分）にし、ベーコンで巻く。爪楊枝でベーコンがとれないようにとめ、小麦粉、卵、パン粉をつける。

2. フライパンに高さ2〜3cmのサラダ油を入れ、中火で熱する。1を3〜4分きつね色になるまで揚げ焼きにする。

アレンジ

なすをズッキーニにかえたり、ミニトマトにかえても◎　なすと一緒に好きな野菜をベーコンで巻くと楽しい！

第3章　メインにもあと1品にも最適！　野菜のおかず

068

長芋の春巻き

揚げものでも長芋のシャキシャキさと大葉でさっぱり食べられる！ トロトロのチーズがたまらない！

2人前

材料

- 長芋 ………………… 1本(200ｇ程度)
- 春巻きの皮 ………………… 10枚
- 大葉 ………………… 10枚
- スライスチーズ ………………… 5枚
- 片栗粉(同量の水で溶く) ………………… 適量
- サラダ油 ………………… 適量

作り方

1. 長芋を短冊切りにする。スライスチーズも半分に切る。

2. 春巻きの皮1枚につき、大葉1枚をしく。長芋1/10量、チーズ1/2枚をのせ、手前からひと巻きし、両端を折り込みながら巻いていく。巻き終わりに水溶き片栗粉を塗り、しっかりととめる。これを10個分作る。

3. フライパンに高さ2〜3cmのサラダ油を入れ、中火で熱する。2を2〜3分きつね色になるまで揚げ焼きにする。

070

アレンジ無限メニュー！
にら味噌炒め

ご飯やお酒のお供に、豆腐や麺類のアクセントに、
餃子や春巻きの具としても最高！ 常備しておきたい1品！

材料

にら	1束
豚ひき肉	150g
★ 豆板醤・砂糖	各大さじ1
味噌	大さじ2
みりん	小さじ1
油	適量

作り方

1. フライパンで油を熱し、豚ひき肉を入れ、中火で1〜2分ポロポロになるまで炒める。
2. にらを細かくざく切りにし、1に加える。さっと炒めたら火を止め、★を加えて混ぜ合わせる。

アドバイス

辛みが苦手な人や子ども用には豆板醤は入れなくてもOK

いんげんときゅうりの辛み和え

2人前

一度食べたらやみつきになる、無限レシピ！ キムチの素で辛さを調節してください！

材料

さやいんげん	60g
きゅうり	2本
★ しょうゆ・ごま油	各小さじ1
┃ キムチの素（市販）	適量
いりごま	適量
刻みのり	適量

作り方

1. きゅうりは板ずりして棒状に切る。いんげんは塩を少々（分量外）加えた熱湯で中火で1分程度ゆで、粗熱を取り、斜め切りにする。

2. ボウルに1と★を入れ、混ぜ合わせる。器に盛り、ごまとのりをのせる。

メインにもなるシーザーサラダ

これ1皿でお腹いっぱいに！
ザクザクのパンの食感が楽しい、ご褒美サラダ！

2人前

材料

レタス …………………………… 1/2玉
食パン …………………………… 1/2枚
（市販のクルトンの場合は適量）
ベーコン ………………………… 1と1/2枚
オリーブオイル ………………… 大さじ1/2
粉チーズ ………………………… 好みの量
シーザードレッシング（市販）
　………………………………… 大さじ1と1/2

※お手製シーザードレッシングは
　以下を混ぜて作る。
マヨネーズ ……………… 大さじ1と1/2
にんにく（チューブ）…………… 適量
牛乳 ………………………… 大さじ2〜3
レモン汁 ……………………… 小さじ1
粉チーズ・黒こしょう ………… 適量

作り方

1. レタスは一口大にちぎり、洗ったら水気を切り、冷蔵庫で冷やす。食パンは角切りに、ベーコンも一口大に切る。

2. フライパンにオリーブオイルをひき、食パンを中火で2〜3分カリッとするまで炒め、取り出す。同じフライパンでベーコンも焼き目がつくまで炒める。

3. ボウルにレタス、オリーブオイルをひと回し（分量外）入れ、シーザードレッシング、食パン（または市販のクルトン）、ベーコンを入れてよく混ぜる。

4. 皿に盛りつけ、粉チーズを好きなだけかける。

水キムチ

2人前

辛みが苦手な人や子どもでも楽しめる1品！
気づいたらなくなっていること間違いなし！
箸休めとしても、肉と一緒に食べてもおいしい！

材料

きゅうり	2本
大根	50g
にんじん	20g
塩	小さじ1/2
★ リンゴジュース（果汁100％）	1/2カップ
おろししょうが・おろしにんにく	各1/4片分
塩	小さじ1/2
赤唐辛子（小口切り）	小さじ1/3

作り方

1. きゅうりはところどころピーラーで皮をむき、3cm幅に切り、棒切りにする。大根、にんじんもきゅうりと同サイズの棒切りにする。

2. 1に塩をふってよくもみ、水気が出たら絞る。★とよく混ぜ合わせ、半日ほど漬ける。

アレンジ

りんごやせり、白菜などを漬けても◎

第3章 メインにもあと1品にも最適！ 野菜のおかず

まるでデザート！トマト嫌いも食べられるミニトマトのハチミツ漬け

（作りやすい量）

甘いトマトのおいしさに驚きを隠せない！ 新感覚の1品！

材料

- ミニトマト ………………… 20個
- ★ ハチミツ ………………… 大さじ4
- レモン汁 ………………… 大さじ1
- ミントの葉（あれば）……… 適量

作り方

1. ミニトマトはヘタを取り、熱湯にさっとくぐらせ、冷水に取って皮をむく。
2. ボウルで1と★を軽く混ぜ、半日ほど漬ける。皿に盛り、お好みでミントの葉をのせる。

アレンジ

レモン汁をグレープフルーツジュースにかえてもおいしい！

簡単なのに沼るおいしさ！
ウマウマ アボハム

焼肉のタレで旨味アップ！
言葉はいらない、絶対に試してほしい！

2人前

材料

- アボカド ……………………………… 1個
- 生ハム ………………………………… 3枚
- ★ 焼き肉のタレ・ごま油 …… 各大さじ1/2

作り方

1. ボウルにアボカドと生ハムを食べやすい大きさに切って入れる。
2. 1に★を入れ、混ぜ合わせる。

新食感! はんぺんピザ

2人前

材料

はんぺん(大)	2枚
ベーコン	2枚
玉ねぎ	1/2個
ピーマン	1個
スイートコーン	大さじ2
ピザ用チーズ	150g
ピザソース	大さじ4
塩こしょう	少々

作り方

1. はんぺんは横半分に切り(厚みを半分にする)、さらに斜めにカットし、三角を2つ作る(三角形が計4つ)。玉ねぎは薄切り、ピーマンは薄輪切り、ベーコンは短冊に切る。
2. はんぺんにピザソースをぬり、玉ねぎ、ピーマン、ベーコン、コーンをのせ、塩こしょうをふり、最後にチーズをかける。
3. オーブントースターで、チーズに焼き色がつくまで加熱する。

カマンベールチーズフライ

作りやすい量

材料

カマンベールチーズ	1/2個
卵(溶き卵)	1個
小麦粉	適量
パン粉	適量
揚げ油	適量

作り方

1. カマンベールチーズを4等分に切り、小麦粉、溶き卵、パン粉の順番でまぶす。
2. フライパンに高さ2〜3cmの油をひき、中火で熱する。1を2〜3分程度きつね色になるまで揚げる。
3. 器に盛り、お好みでこしょうをふったり、オーロラソース(マヨネーズとケチャップを1対1で混ぜたもの)を添える。

078

第4章

簡単なのにワンランクアップ！

ご飯・パン・麺

気づいたらできているぶっこみ（超時短）メニューや、いつも作っているごはんがワンランクアップするようなレシピを集めました。余った味つけ調味料や卵白は、野菜炒めやスープに利用しても◎　お好みの具材や味つけにしてアレンジして楽しんでください！

第4章　簡単なのにワンランクアップ！　ご飯・パン・麺

さば旨飯

いつのまにかできてる炊き込みご飯！
優しい甘さがたまらない！

2人前

材料

米	2合
さば味噌缶	1缶
めんつゆ（3倍濃縮）	大さじ2
バター	15g
万能ねぎ	適量

作り方

1. 米を研ぎ、2合の目盛りまで水（分量外）を入れ、さば缶、めんつゆを入れる。普通炊飯モードまたは、炊き込みモードで炊く。

2. 炊き上がったら、バターを入れさっくり混ぜる。器に盛り、刻んだ万能ねぎを散らす。

旨味が凝縮！鮭の炊き込みご飯

鮭としめじの旨味を吸った米がおいしい♡ おにぎりやお弁当にも◎

2人前

材料

米	3合
鮭	2切れ
しめじ	1/2パック
★しょうゆ・みりん・酒	各大さじ1
バター	10g
大葉	お好みで
ねぎ	お好みで
いりごま	お好みで
刻みのり	お好みで

作り方

1. 米を研ぎ15分浸水させ、ザルにあげて5分水を切る。
2. 鮭は酒（分量外）を少しふり、10分置き、流水で洗い、水気をしっかりふく。皮を取り半分に切る（皮が好きな人はそのままでOK）。
3. 炊飯器に**1**と**2**、石づきを切り、ほぐしたしめじ、★を入れ、3合分の目盛りの水加減で炊く。
4. 炊けたら、バターを入れ、よくかき混ぜて器に盛り、大葉やねぎ、いりごま、刻みのりなどをお好みで散らす。

昔ながらのそばめし

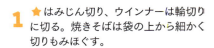

ソースの焦げた香りが香ばしい！お好みで目玉焼きをのせても◎

2人前

材料

ご飯	300g（2杯分）
焼きそば麺	1玉
★キャベツ	2枚
にんじん	3〜4cm
玉ねぎ	1/2個
ウインナー	2本
●ウスターソース	大さじ1
顆粒中華がらスープ	小さじ1
しょうゆ	小さじ1
サラダ油	大さじ1

作り方

1. ★はみじん切り、ウインナーは輪切りに切る。焼きそばは袋の上から細かく切りもみほぐす。
2. サラダ油をひいたフライパンにウインナーを入れ、中火で1〜2分炒める。★と麺を入れ、さらに1〜2分加熱する。焼きそば付属の粉末ソースを加え、全体に絡めるように1分程度炒める。
3. **2**にご飯、●を入れ、軽く混ぜるように1〜2分炒める。

086

給食の揚げパン

2人前

ロールパンが思い出のあの味に！　たっぷり砂糖ときなこをまぶして、ふわふわのパンと優しい甘さをお楽しみください！

材料

ロールパン	6個
★きなこ・砂糖	各大さじ6
サラダ油	適量

作り方

1. ★を平らな皿にまぶして広げておく。
2. フライパンに高さ2〜3cm程度の油をひき、ロールパンを入れる。中火で30秒程度、パンをコロコロ転がしながら揚げ焼きにする。
3. 2の油を切り、1に入れまぶす。

アレンジ

きなこと砂糖を混ぜるときに、塩を少々入れても◎
甘じょっぱい味が好きな人はお試しください！
またすりごまを混ぜたり、きなこのかわりにシナモンパウダーにしたりとアレンジ次第で揚げパンが大変身します！

第4章　簡単なのにワンランクアップ！　ご飯・パン・麺

さっぱりおろしツナスパゲッティ

刻みのりやみょうがをのせても◎
めんつゆとポン酢でさっぱり！

2人前

材料

スパゲッティ	200g
ツナ缶	1缶（70g程度）
大根	1/4本
大葉	好みの量
★めんつゆ	大さじ1
★ポン酢	大さじ1/2

作り方

1. スパゲッティは塩を入れた湯で表示時間どおりにゆでる。大根はおろし、ザルにあげ、水気を切る。大葉も千切りにし、ツナは油を切っておく。

2. スパゲッティを器に盛り、大根おろし、ツナ、大葉をのせ、合わせた★をかける。

しらすとししとうのペペロンチーノ

しらすの塩味としし とうのさっぱり感が相性抜群！ 生しらすで作ると旨味アップ

2人前

材料

- スパゲッティ ……………………… 200g
- しらす（釜揚げ・生どちらでもOK）… 50g
- ししとう …………………………… 8本
- ★ オリーブオイル ………………… 大さじ3
- にんにく（チューブ）………… 2〜3㎝
- 赤唐辛子（輪切り）…………… 1/2本
- 塩こしょう ………………………… 少々

作り方

1. スパゲッティを表示時間より1分短くゆでる。ゆで汁は大さじ3取っておく。ししとうはヘタを取り、破裂防止のために竹串で1〜2箇所穴を開けておく。

2. フライパンに★を入れ、火をつける。弱火で1〜2分香りがたってきたら、しらすとししとうを入れ、さらに1〜2分ししとうに焼き目をつけるように炒める。

3. 2にスパゲッティ、ゆで汁大さじ3（分量外）を入れ、1〜2分混ぜ合わせ、塩こしょうで味を整える。火を止め、皿に盛りつけ、お好みでオリーブオイル（分量外）をまわしかける。

アレンジ

炒める際にオリーブオイルをバターに変えるとコクが出る！

店の味の絶品たらこパスタ

2人前

マヨネーズでコクがアップ！
つぶつぶが楽しいたらこパスタ！

材料

スパゲッティ	200g
たらこ	60g
★ オリーブオイル	好みの量
バター	20g
昆布つゆ・薄口しょうゆ	各小さじ2
マヨネーズ	大さじ2
牛乳	大さじ4

作り方

1. スパゲッティは表示時間どおりにゆで、たらこは包丁で切れ目を入れて包丁の背を使って皮を削ぎ取る。★の調味料は混ぜ、レンジなどで温めておく。

2. フライパンにスパゲッティ、★を入れ、弱火で1〜2分混ぜながら加熱し、火を止め、たらこを加え、さっくり混ぜる。

アレンジ

辛いものが好きな方は、明太子で作っても◎
お弁当に入れるときは、火を止めてたらこを加えるのではなく、火をつけたままたらこを入れ、1分程度混ぜ火を止めるとしっかりたらこに火が入り、いたみにくくなります！

第4章　簡単なのにワンランクアップ！ ご飯・パン・麺

つゆだく ナルボナーラ

2人前

最後の一滴までおいしい！ 残ったソースはパンにつけたり、ご飯を入れても◎

材料

スパゲッティ	200g
厚切りベーコン	10cm程度
★粉チーズ	20g
生クリーム	120mℓ
牛乳	120g
卵黄	2個
塩・黒こしょう	少々
オリーブオイル	大さじ1

作り方

1. スパゲッティは表示時間どおりにゆで、ベーコンは好きな大きさに切る。

2. フライパンにオリーブオイル、ベーコンを入れ、中火で2〜3分焼き色をつけるように炒める。弱火にし、★を加え、粉チーズが溶けたら塩で味を整える。

3. 2をコンロから外し、粗熱を取る。卵黄、スパゲッティを入れ、しっかり絡めて盛りつける。お好みで黒こしょうをふる。

アサリの コンソメスープパスタ

冷凍アサリだから砂抜き不要でラクチン&失敗しらず！ 旨味が染み出たスープが最高！

2人前

材料

スパゲッティ ……………………… 200g
アサリ（冷凍）………………… 150g程度
玉ねぎ ……………………………… 1/2個
にんにく（チューブ）……………… 5cm
バター ……………………………… 10g
★ 水 ………………………………… 500g
　コンソメ（固形）………………… 1個
塩こしょう ………………………… 少々

作り方

1. スパゲッティは表示時間より1分短くゆで、玉ねぎはみじん切りにしておく。

2. フライパンにバター、にんにく、玉ねぎを入れて中弱火で1分程度しんなりするまで炒める。

3. 2に★を入れ、沸騰したらアサリを加える。アサリの口が開いたら、塩こしょうで味を整え、スパゲッティも入れ、スープを絡ませる。

餅とモッツァレラチーズの揚げ春巻き

餅とチーズののび＆モチモチ感が楽しい！ 大葉でさっぱり食べられる！

 2人前

材料

餅（薄切り）	10枚
春巻きの皮	10枚
モッツァレラチーズ	200g
大葉	10枚
油	適量

作り方

1. モッツァレラチーズを短冊切りにする。

2. 春巻きの皮1枚の上に大葉1枚、餅1枚、モッツァレラチーズ1/10量をのせ、手前からひと巻きし、両端を折り込みながら巻いていく。巻き終わりに水（分量外）を塗り、口をとめる。これを10個作る。

3. フライパンに高さ2〜3cmの油をひき、中火で熱し、2を片面2分（両面4分）程度揚げ焼きにする。皿に盛りつけ、お好みで梅肉（分量外）を添える。

インスタントで簡単！汁なしカルボ

濃厚なカルボ味がたまらない！ お好みで最後にこしょうをふっても◎

材料（作りやすい量）

- インスタントラーメン袋麺（塩味）……1袋
- 卵……………………………………2個
- ベーコンスライス（薄切り）………4〜5枚
- 水……………………………………280㎖
- ★ ピザチーズ……………………… 20g
- 粉チーズ…………………… 好みの量
- 袋麺のスープ……………………1/4袋
- 生クリーム（あれば）…… 大さじ1程度

作り方

1. ボウルに卵を割り入れ、卵黄1個を別皿に取り分け、残った卵と★を混ぜ合わせる。
2. ベーコンをお好みの大きさに切り、中火で1〜2分軽く炒めておく。
3. フライパンに水を入れ、沸騰したら中火にし、麺を入れる。片面がふやけたら上下をひっくり返し、汁気がなくなるまで表示時間どおり、たまに混ぜながらゆでる。
4. 汁気がなくなったら火を止め、**1**の調味料と**2**を加え、混ぜ合わせる。
5. 器に盛りつけ、**1**で取り分けた卵黄を上からのせる。

アレンジ

残った袋麺のスープは野菜スープ、炒め物の調味料として使うのがおすすめ！

優しい苦みが季節を感じる！
菜の花パスタ

2人前

材料

スパゲッティ	200g
菜の花	1袋
ベーコン	4枚
にんにく(チューブ)	2cm
オリーブオイル	適量
★ しょうゆ	大さじ2
★ みりん	小さじ1
★ 顆粒和風出汁のもと	小さじ1
★ 柚子こしょう	小さじ1

作り方

1. ベーコン、菜の花を一口大に切る。
2. スパゲッティは塩を入れた湯で表示時間どおりにゆで、残り30秒になったタイミングで菜の花も入れ、一緒にゆでる。
3. フライパンにオリーブオイルをひき、ベーコン、にんにくを加えて炒め、香りがたってきたら 2 を加える。軽く混ぜ合わせる。
4. ボウルなどで ★ を混ぜ、3 のフライパンに加え、さっと和えて皿に盛りつける。

アドバイス

辛みが苦手な方や子ども用などは柚子こしょうがなくても◎
菜の花がない場合は、ほうれん草や小松菜、キャベツなどで作ってもおいしい！

第 5 章

家にあるものでカフェ気分！

簡単デザート

「デザート=めんどくさい」が変わるメニューを集めました。パイシートやゼラチンを使用したことがない人は一度使ってみると、意外と使い勝手がよいことに気づけるはず！ 冷凍フルーツを活用しても◎ 好きなおかしとともに自分を労わる時間にお召し上がりください！

第5章 家にあるものでカフェ気分！ 簡単デザート

うどんドーナツ

家にあるもので作れる！　きな粉のかわりに
チョコレートやはちみつをかけても◎

2人前

材料

うどん（ゆで）‥‥‥‥‥‥‥‥‥‥ 1袋
★ 粉砂糖 ‥‥‥‥‥‥‥‥‥‥‥ 大さじ3
　小麦粉 ‥‥‥‥‥‥‥‥‥‥‥ 大さじ5
粉砂糖、きな粉（仕上げ用）‥‥‥ 好みの量
油 ‥‥‥‥‥‥‥‥‥‥‥‥‥‥‥ 適量

作り方

1 ビニール袋にうどんと★を入れ、口を閉じてふり混ぜる。

2 まな板に小麦粉（分量外）をふり、うどんを6本くらい並べ、転がすようにねじり、輪になるように両端をギュッと押さえつけまとめる。

3 フライパンに高さ2～3cmの油をひき、2を中火で片面1分（両面2分）きつね色になるまで、揚げる。お好みで粉砂糖やきな粉をかける。

レンジでフォンダンショコラ餅

餅から溢れるトロトロの
チョコで幸せ爆発！
餅消費にも◎

作りやすい量

材料

- 切り餅 ………………………… 1個
- ミルクチョコレート（板チョコ）…… 2かけ
- ココアパウダー（加糖）………… 好みの量
- 水 ………………………………… 大さじ1

作り方

1. 皿に餅、水を入れ、電子レンジで30秒加熱する。
2. 餅を裏返し、さらに電子レンジで30秒加熱する。
3. 水を捨てて、餅の上にチョコをのせて半分に折りたたみ、ココアをふる。

炊飯器でいつのまにかできてる！バターケーキ

2人前

炊飯器で時短！
バターでコク倍増！
優しい甘さにほっこり！

材料

- ホットケーキミックス ………………… 70g
- バター（無塩）………………………… 120g
- 砂糖 …………………………………… 90g
- 卵 ……………………………………… 2個

作り方

1. ボウルに室温で柔らかくしたバター、砂糖を入れ、白っぽくなるまで泡だて器で混ぜる。
2. 卵を溶きほぐし、1に少しずつ加えながら混ぜる。
3. 2にホットケーキミックスを加えて、ヘラで混ぜ合わせる。
4. 炊飯器の釜にバター（分量外）を薄く塗り、3を流し入れ、普通炊飯モードで炊く。
5. 4の中心に竹串を刺し、生の生地がついてなければOK！　ついていれば、保温モードで10〜15分追加加熱する。

第5章　家にあるものでカフェ気分！　簡単デザート

パイシートで簡単フロランタン

2人前

途中でパイシートをしっかり押しつけると本格的なフロランタンに！　たっぷりのアーモンドスライスがおいしい！

材料

冷凍パイシート	2枚
バター	40g
★ 牛乳・はちみつ	各40g
グラニュー糖	30g
アーモンドスライス	50g

作り方

1 オーブンを220℃で予熱しておく。

2 天板にクッキングシートをひき、パイシートを2枚並べ、天板のサイズに四隅を切る。

3 フォークでパイシートに10カ所程度穴をあける。

4 **1**のオーブンで**3**を15分焼き、取り出して全体をフライ返しなどでぺちゃんこになるまで押しつける（写真①）。その間にオーブンを180℃に予熱する。

5 鍋にバターを入れ、弱火で溶かし、★を入れ弱火のまま1〜2分加熱する。アーモンドスライスを入れ、とろみが出るまでさらに2分程度煮詰める。

6 **4**の生地に**5**を広げ（写真②）、180℃で予熱したオーブンで10分焼く。

①

②

第5章　家にあるものでカフェ気分！簡単デザート

アツアツ・トロトロがクセになる！春巻きバナナ

2人前

春巻きがおやつに！ とろけるバナナの甘さが新感覚！

材料

春巻きの皮	4枚
バナナ	2本
砂糖	小さじ4
小麦粉（同量の水で溶く）	適量
油	適量

作り方

1. バナナ1本あたり、横4等分に切る。

2. 春巻きの皮1枚あたりバナナを2切れ置き、上から砂糖をかけて手前からひと巻きし、両端を折り込みながら巻いていく。巻き終わりに水溶き小麦粉を塗り、しっかりととめる。それを4個分作る。

3. フライパンに高さ2～3cmの油をひき、弱火で熱し、**2**を入れ、2分程度きつね色になるまで揚げ焼きにする。

110

みたらし団子

モチモチ食感が楽しい！ 好きな形にしたり、あんこやきな粉、アイスをトッピングしても◎

2人前

材料

- 白玉粉 …………………………… 100g
- 水 ………………………………… 100㎖
- ★ 水 ……………………………… 100㎖
  - 砂糖 …………………………… 大さじ6
  - しょうゆ ……………………… 大さじ2

作り方

1. ボウルに白玉粉を入れ、水を少しずつ加えながらこね、耳たぶぐらいの硬さになるようにまとめていく。

2. 一口大にちぎり、手のひらでコロコロと転がし、丸く形を作る。

3. 鍋に湯を沸かし、2を中火で4分ゆでる。

4. ★を別の鍋に入れ、弱火で1〜2分加熱し、タレを作る。

5. 皿に3を盛り、4をかける。

映える！サクサクフルーツパイ

どんなフルーツ＆冷凍でも◎ フルーツの甘さとチーズの塩味がたまらない！ チーズだけで作るとおつまみに！

2人前

材料

冷凍パイシート	1枚
クリームチーズ	2かけ（計33g程度）
イチゴ・ブルーベリーなど お好きなフルーツ	適量
粉砂糖	好みの量

作り方

1. オーブンを210℃に予熱しておく。

2. パイシートを常温に戻し、4等分に切る。イチゴとクリームチーズも半分に切る。

3. パイシートを麺棒などで軽くのばし、四方の端を中央に折りたたむ。その上にクリームチーズ、イチゴ、ブルーベリーをのせ、予熱したオーブンで15分焼く。

4. 生地が膨らんでおいしそうな匂いがしたら、盛りつけ、粉砂糖やはちみつ（分量外）をふる。生地が膨らまない場合は、230℃に予熱したオーブンで2分程度さらに焼く。

アレンジ

ジャムで作りたいときは、中に入れて焼くと溢れてしまうので、焼き終わってから添えるのが◎

第5章 家にあるものでカフェ気分！簡単デザート

どうぶつプリン

100mℓカップ×4個

見た目はかわいいのに、味はすりごまの風味が効いた本格的な料理店のプリン！ チョコペン（黒）1本で●×●と簡単に描いてもかわいくなる！

材料

★ 牛乳	350mℓ
すりごま	35g
砂糖	30g
ゼラチン	5g
チョコペン（黒・白）	各1本
湯	大さじ2

作り方

1 器にゼラチンと湯を入れて、ゼラチンを溶かしておく。

2 鍋に★を入れ、弱火で2分程度沸騰しないように温める。

3 2に1を加えさっと混ぜ、火から外し、粗熱を取る。お好みのカップに分け、1時間冷蔵庫で冷やす。

4 クッキングシートの上にチョコペンで目や口などを描き、冷蔵庫で冷やし固める。

5 3のプリンの上に竹串などで4をのせる。

第5章 家にあるものでカフェ気分！ 簡単デザート

ビスケットdeアイス

少ない材料で豪華なアイスに！ ビスケットの
しっとりさとアイスの優しい甘さでほっこり！

10個

材料

ビスケット
　（味がしっかりついているもの）…… 20枚
★ 生クリーム ……………………… 100㎖
　砂糖 …………………………… 大さじ1

作り方

1. ボウルに★を入れ、8〜9分に泡立てる。
2. ビスケットに1をはさみ、ラップに包んで冷凍庫で冷やし固める。

116

大人気！さっぱりまろやか ほうじ茶プリン

ほうじ茶の香りが広がる！ 柔らかい食感と優しい甘さで甘味が苦手な人にもおすすめ！

70mlカップ×6個

材料

- ★ ほうじ茶葉 …………… 大さじ4
- 牛乳 ………………………… 250ml
- ● 砂糖 ………………………… 50g
- 生クリーム ………………… 150ml
- ゼラチン …………………………… 5g
- 水 ………………………………… 大さじ2

作り方

1. 鍋に★を入れ、弱火で3分煮る。
2. 器にゼラチンと水を入れ、電子レンジで30秒加熱する。
3. ボウルに1を茶こしでこし（茶葉を取り除く）、鍋に戻し、●と2を加える。弱火で1分混ぜながら温める。
4. 火からおろし、粗熱を取る。プリンカップに分け、冷蔵庫で1〜2時間冷やす。

@=============
娘と一緒に作りました。
簡単でおいしくて私も娘も大満足でした！

ママの料理が一番好き！

ほかにもマイさんのレシピを参考にさせてもらっています。

不器用な私でもおいしく作れるものばかりで、娘にこういわれました。

さて、今日はなにを作ろうかな？

おわりに

この本を手にとってくださってありがとうございます。

私は結婚した当初から家事が苦手で、とくに料理が一番苦手かつ嫌いでした。

しかし、子どももいるため、料理をしなくてはいけない状況。失敗は数えきれないほど、たくさんしました。焦げて食べられなくなったものも、たくさんあります。

そんな毎日の中で、洗いものを減らしたり、工程を少なくしたりすることが大事だと気づきました。

たとえば、揚げものを作るときは、お皿やまな板にラップをひいて、小麦粉やパン粉をのせ、つける。大さじ1の分量を加えるときは、計量スプーンは使用せず、調味料をボトルからそのまま一周させる。すると、大体大さじ1くらいになります。そんなふうに洗いものをなくすエ夫を日々試しています。

今でも料理は嫌いですが、家族の「おいしい！」という言葉でがんばれています。とくに「手羽中唐揚げ（P.22）」は手羽中を10パック以上買っても足りないぐらい好評ですし、「ブリマヨ照り焼き（P.42）」は偏食のわが子もしっかり食べてくれます。冷めてもおいしいので、お弁当にもおすすめです。また「鶏モモ甘タレ和え（P.18）」はSNSで1000万回再生を突破しました。「おいしかった」とたくさんのコメントをいただきました。

SNSも料理をがんばるモチベーションになっています。最初に動画投稿をしたときは、動画を撮るのも話すのも下手くそ。しかし、「子どもが魚嫌いだったけど、食べてくれた！」「野菜が苦手だったけど、この味つけなら食べられる」。そんなコメントがたくさん書き込まれていき、とてもうれしかったです。

応援してくださる皆様のおかげで今もSNSをがんばれています。

最後に、この本を手にとってくださった方々が、少しでも料理って「こんなもんでいいんだ」「適当で大丈夫なんだ」と思ってもらえたらうれしいです。

マイ

素材別インデックス

● 肉・加工肉

牛肉
- 牛肉丼 …… 27
- ギュー玉 …… 32

鶏肉
- 食欲爆発！鶏肉のガーリック焼き …… 28
- 鶏モモ甘タレ和え …… 24
- チキン南蛮 …… 22
- ご飯もお酒もすすむ！名古屋飯風手羽中唐揚げ …… 18

豚肉
- 豚シソチーズ巻き …… 16
- スペアリブのコーラ煮 …… 20
- 豚トロとアボカドのウマウマ炒め …… 21
- 蓮根の豚肉巻き …… 26
- おろし玉ねぎソースの豚ロースステーキ …… 28
- 味がしみしみ・トロトロの豚の角煮 …… 31
- 豚バラとじゃがいもの甘辛炒め …… 64

ベーコン
- アレンジ無限メニュー！にら味噌炒め …… 71
- かぶとベーコンのミルク煮 …… 66
- 居酒屋飯 なすとベーコンのフライ …… 68
- メインにもなるシーザーサラダ …… 73
- つゆだくカルボナーラ …… 94
- インスタントで簡単！汁なしカルボ …… 97
- 優しい苦みが季節を感じる！菜の花パスタ …… 98

生ハム
- 簡単なのに沼るおいしさ！ウマウマアボハム …… 77

冷凍唐揚げ
- 冷凍唐揚げで甘酢あん …… 15

冷凍餃子
- 甘酢で食欲倍増 簡単揚げ餃子 …… 16

● 魚介・魚介加工品

アサリ
- アサリのコンソメスープパスタ …… 95

えび
- えびパン …… 52

牡蠣
- 牡蠣の春巻き …… 47
- 家族大絶賛！わが家のご褒美レシピ 牡蠣のアヒージョ …… 48

かつお
- かつおのたたきで竜田揚げ …… 50

鮭・サーモン
- サーモンのとろろ焼き …… 44
- 鮭タルサンド …… 53
- 旨味が凝縮！鮭の炊き込みご飯 …… 86

さば
キムチさば味噌 …… 46

しらす
しらすとししとうのペペロンチーノ …… 91

たら
たらのトマトチーズ焼き …… 40

たらこ・明太子
混ぜるだけで絶品！明太クリームチーズ …… 56

店の味の絶品たらこパスタ …… 92

ブリ
子どもも大好き！ブリマヨ照り焼き …… 42

ブリごまダレ和え …… 54

マグロ
マグロユッケ丼 …… 54

食感が楽しい！ とろたく …… 56

さば缶
さば缶でなすの甘辛炒め …… 39

○ 野菜・いも・きのこ・卵

さば旨飯 …… 85

ツナ缶
大人気！ わが家の定番ツナ餃子 …… 40

ツナトマ丼 …… 45

さっぱりおろしツナスパゲッティ …… 90

はんぺん
新食感！ はんぺんピザ …… 78

アボカド
豚トロとアボカドのウマウマ炒め …… 21

簡単なのに沼るおいしさ！ウマウマアボハム …… 77

かぶ
かぶとベーコンのミルク煮 …… 66

きゅうり
いんげんときゅうりの辛み和え …… 72

水キムチ …… 74

さやいんげん
いんげんときゅうりの辛み和え …… 72

ししとう
しらすとししとうのペペロンチーノ …… 91

じゃがいも
豚バラとじゃがいもの甘辛炒め …… 64

大根
味がしみしみ・トロトロの豚の角煮 …… 31

水キムチ …… 74

さっぱりおろしツナスパゲッティ …… 90

玉ねぎ
冷凍唐揚げで甘酢あん …… 15

アサリのコンソメスープパスタ …… 95

牛肉丼 …… 27

おろし玉ねぎソースの豚ロースステーキ …… 28

大人気！ わが家の定番ツナ餃子 …… 40

トマト・ミニトマト

- たらのトマトチーズ焼き …… 40
- ツナトマ丼 …… 45
- ブロッコリースプラウトとトマトの中華和え …… 63
- まるでデザート！トマト嫌いも食べられるミニトマトのハチミツ漬け …… 76

長芋
- サーモンのとろろ焼き …… 44
- 長芋の春巻き …… 70

なす
- さば缶でなすの甘辛炒め …… 39
- 居酒屋飯 なすとベーコンのフライ …… 68

菜の花
- 優しい苦みが季節を感じる！菜の花パスタ …… 98

にら
- アレンジ無限メニュー！にら味噌炒め ……

バナナ
- アツアツ・トロトロがクセになる！春巻きバナナ …… 110

ピーマン
- 冷凍唐揚げで甘酢あん …… 15

ブロッコリースプラウト
- ブロッコリースプラウトとトマトの中華和え …… 63

レタス
- メインにもなるシーザーサラダ …… 73

蓮根
- 蓮根の豚肉巻き …… 26
- おから蓮根の団子 …… 64

しめじ
- 旨味が凝縮！鮭の炊き込みご飯 …… 86

卵
- ギュー玉 …… 32
- マグロユッケ丼 …… 54
- インスタントで簡単！汁なしカルボ …… 97

大豆製品・乳製品

おから
- おから蓮根の団子 …… 64

カマンベールチーズ
- カマンベールチーズフライ …… 78

牛乳
- かぶとベーコンのミルク煮 …… 66
- どうぶつプリン …… 114
- 大人気！さっぱりまろやかほうじ茶プリン …… 117

クリームチーズ
- 映える！サクサクフルーツパイ …… 112
- 混ぜるだけで絶品！明太クリームチーズ …… 56

生クリーム
- つゆだくカルボナーラ …… 94
- ビスケットdeアイス …… 116
- 大人気！さっぱりもちもちほうじ茶ミルク …… 17

麺・餅・パン

インスタントラーメン袋麺
インスタントで簡単！汁なしカルボ …… 97

うどん
うどんドーナツ …… 105

餅
レンジでフォンダンショコラ餅 …… 106
餅とモッツァレラチーズの揚げ春巻き …… 96

焼きそば
昔ながらのそばめし …… 86

ロールパン
給食の揚げパン …… 88

その他

アーモンドスライス
パイシートで簡単フロランタン …… 108

餃子の皮
大人気！ わが家の定番ツナ餃子 …… 40

コーラ
スペアリブのコーラ煮 …… 20

白玉粉
みたらし団子 …… 111

ゼラチン
どうぶつプリン …… 114
大人気！ さっぱりまろやかほうじ茶プリン …… 117

たくあん
食感が楽しい！ とろたく …… 56

パイシート
パイシートで簡単フロランタン …… 108
映える！ サクサクフルーツパイ …… 112

春巻きの皮
牡蠣の春巻き …… 47
長芋の春巻き …… 70

餅とモッツァレラチーズの揚げ春巻き …… 96
アツアツ・トロトロがクセになる！春巻きバナナ …… 110

ビスケット
ビスケットdeアイス …… 116

ほうじ茶葉
大人気！ さっぱりまろやかほうじ茶プリン …… 117

ホットケーキミックス
炊飯器でいつのまにかできてる！バターケーキ …… 106

ミルクチョコレート
レンジでフォンダンショコラ餅 …… 106

りんごジュース
水キムチ …… 74

マイ

1993年、石川県生まれ。22歳で結婚、第1子を出産し、そのときにはじめて料理をする。その後、第4子が入院して付き添い中、なにもすることがなく動画を作ったのがきっかけで動画投稿開始。動画投稿5カ月でYouTube登録者数が10万人を突破する。本書が初出版。SNSの総フォロワーは約60万人(2024年11月現在)。

YouTube：@mai2022
TikTok：＿＿＿negiyome＿＿＿
Instagram：ymdmych

YouTube QRコード

分量も調整、材料も変更可！　ヘトヘトな大人も作れる最強レシピ

すぐ完ごはん

2024年11月30日　第1刷発行

著　者　マイ
発行者　矢島和郎
発行所　株式会社 飛鳥新社
　　　　〒101-0003
　　　　東京都千代田区一ツ橋 2-4-3 光文恒産ビル
　　　　電話　（営業）03-3263-7770　（編集）03-3263-7773
　　　　https://www.asukashinsha.co.jp

ブックデザイン　別府 拓（Q.design）
撮影　　　　　　よねくらりょう
スタイリング　　片山愛沙子
アシスタント　　金納真奈美
漫画　　　　　　ぽぽこ
校正　　　　　　矢島規男

印刷・製本　　　中央精版印刷株式会社

飛鳥新社 公式X(twitter)

お読みになった ご感想はコチラへ

落丁・乱丁の場合は送料当方負担でお取り替えいたします。
小社営業部宛にお送りください。
本書の無断複写、複製（コピー）は著作権法上の例外を除き禁じられています。
ISBN 978-4-86801-047-0
© mai 2024, Printed in Japan

編集担当　松本みなみ